CON LOS OJOS CERRADOS

Rogelio López Sagástegui

© Con los ojos cerrados
Autor: Rogelio López Sagástegui
Email: rolo.sagaz@gmail.com
Facebook: Rogelio López Sagástegui
Twitter: @rolosagaz

Salvo aquellos textos o citas donde se cita y especifica al autor.

© Diseño de cubierta y maquetación: Verónica Leal
Ilustraciones cubierta e interiores: Laura Barocio
Edición: Magaly Pinal

1ª. Edición Verano 2016
Monterrey, Nuevo León, México
ISBN: 978-607-00-9937-3
© Todos los derechos reservados:
Portada, textos y contenidos, fotografía, ilustraciones, estilo y concepto. Queda prohibida cualquier tipo de reproducción de este libro, ya sea en fotocopia o por otros medios electrónicos y/o gadgets, ya sea de forma parcial o totalmente. Los textos y diseños son propiedad de su autor como se indica. Se prohíbe la extracción de textos, publicación, fotografías al mismo y exhibición en medios de Internet o en páginas de redes sociales sin el consentimiento del o los autores de este libro. De igual forma, se prohíbe el uso de este material en sitios web (incluyendo, sin limitación, textos, imágenes, fotografías, dibujos, marcas o logotipos, estructura y diseño de la composición de cada una de las páginas individuales que componen la totalidad del libro o del sitio web o Facebook, combinaciones de colores y códigos fuentes de los programas que generan la composición de las páginas).

*A mis padres,
quienes me han enseñado a amar.*

PRÓLOGO

Cuando Rogelio piloteaba grandes o pequeñas aereonaves, antes de entrar al seminario, debía hacerlo con los ojos bien abiertos, atento ya a los sofisticados instrumentos del aparato, ya al espectacular horizonte que se abría ante su mirada.

Con esa actitud, Rogelio surcó el cielo en innumerables ocasiones buscando, de seguro, algo que se negaba a ser encontrado, una vía desconocida pero que le ofrecía variadas pistas.

Fue hasta que cerró los ojos que Rogelio descubrió la ruta. Cambió la cabina del avión por las aulas del seminario, su capilla, los diferentes apostolados en varias parroquias. Así, con los ojos cerrados, ha escrito este texto que lleva el mismo nombre.

Pero Rogelio sigue oteando el cielo. Por ello, la primera parte de su libro se titula *Allá en el horizonte*. Los poemas y la reflexión que ahí aparecen nos narran los primeros pasos del enamoramiento -siempre efímero y fugaz-, por lo que este apartado es más breve que el segundo, de carácter introductorio, para dar paso al bloque más extenso de textos poéticos y reflexivos, que aparecen en esa segunda parte.

Ésta repite el título de todo el libro y, *machaconamente*, con un estilo que combina la precisión técnica del aeronauta con la sensibilidad del futuro pastor -así lo deseamos-,

Rogelio nos invita, nos motiva, nos impulsa a cerrar los ojos para ver más allá de lo superficial, para penetrar en el amor de Dios hacia él, hacia nosotros, hacia el mundo entero.

Leamos el libro de Rogelio con los ojos bien abiertos, indagando lo que está detrás de las palabras, pero cerrémoslos después de cada reflexión, de cada poema, y descubriremos todavía más horizontes para transitar, cielos que solo se contemplan con los ojos cerrados.

José Francisco Gómez Hinojosa

INTRODUCCIÓN

Este libro busca externar sentimientos que brotan de lo más profundo de mi ser, al contemplar en el corazón lo más real de mi relación de amor con Dios. Trata de expresar, desde la fuerza del encuentro con la Verdad y la Libertad, las experiencias de una vida.

No es un relato de sucesos reales, pero sí una manifestación de lo que ciertamente emerge desde el interior de quien, en algún momento de su historia, se dejó enamorar.

Así, he intentado acomodar algunos versos, de manera que muestren este proceso del amor, tan loco y sensato a la vez, que sacude a los que nos dejamos atrapar por él.

La relación con Dios se va descubriendo en las experiencias más humanas, y ahí mismo se entiende su acción amorosa, si se aprende a ver *con los ojos cerrados*. Es decir, si logramos pasar de la bella etapa del primigenio enamoramiento, a la dulzura de la madurez en el amor que nos dispone a entregar la vida.

Basta un momento para descubrir que algo nos ha transformado, que estamos ahora dispuestos a sacrificarnos por alguien. Las cosas se comprenden solo en términos de un antes y un después. Todo pinta de colores y parece que nunca acabará la sensación de que las cosas van bien y la perfección es así de fácil.

La primera parte de esta colección de poemas y pensamientos, titulada *Allá en el horizonte*, busca precisamente transmitir al lector todo lo que surge de un corazón enamorado, pero aun reflexivo. Así se es capaz de ver con los ojos bien abiertos y reconocerse diferente, amado, transformado, en fin... ¡emocionado! Quien se enamora, puede ver *allá en el horizonte* algo distinto que los demás no alcanzan a comprender y que él mismo antes no era capaz de captar.

Viene luego una etapa en que las dificultades comienzan a aparecer, y se vuelve necesario ver al interior. No hay otra forma de contemplar la verdad de nuestro entorno; la fase inicial de enamoramiento comienza a desvanecerse y se requiere abrir el corazón para entregarlo todo, ahora sí, por el amor más real.

Se abre paso entonces la posibilidad de la introspección, del análisis y la reflexión profunda. Se hace posible una percepción más realista de las situaciones en las que se manifiestan la debilidad y la labilidad humanas en las relaciones interpersonales. Quien está dispuesto a amar y disfrutar el verdadero amor, debe, en consecuencia, aprender a cambiar la forma de ver la realidad. Aquella sonrisa que era fácil descubrir en el horizonte, ahora solo se capta con los ojos cerrados. Por ello, la segunda parte del libro nos presenta las expresiones de sentimientos más relacionados con esta etapa del proceso del amor humano.

Cabe mencionar que la primera parte es más breve que la posterior, a fin de guardar una concordancia con la duración del periodo inicial de enamoramiento. Éste suele ser efímero, y así debe serlo para dar paso al amor maduro, el perdurable.

Una vez que el enamoramiento nos dispone para la entrega generosa de la vida, abre camino a una "emoción" diferente que es hallada ahora, en la donación de sí mismo y en el compromiso asumido por amor.

Si en algún momento, los temas de los poemas parecieran no estar relacionados con esta transición del mero enamoramiento al amor real, se debe a que, la intención desde un principio ha sido privilegiar la comunicación de sentimientos, antes que el contenido intelectual.

Esta colección de poemas pretende transmitir desde el corazón los más auténticos sentimientos vinculados a las experiencias vivas del proceso del amor, y que me parece pueden ser expresados en torno a cualquier tema.

En su totalidad, este libro pretende acompañar al lector durante un camino que le ayude a reconocer la necesidad de aprender a ver la vida *con los ojos cerrados,* siendo conscientes de que algún día habremos de cerrarlos para siempre, y que entonces no querremos ser unos "ciegos" que solo alcanzaron a ver el exterior de las cosas.

ALLÁ EN EL HORIZONTE

SOMOS DOS

Ahora estamos hablando de nuevo tú y yo
y eso es buena señal,
pues aunque nunca te fuiste
veo muy triste que solo por gusto
no estuve contigo

Olvidé cómo ser un amigo
que en todo momento
está ahí para hablar
apoyar, soportar y cantar

Me pasaba los días buscando
esperando por ver en el sol
algún cambio que oriente mis días,
la señal que me advierta de todo
sin saber que la luz verdadera
ilumina con fuerza
de adentro hacia fuera

Ahora están las palabras fluyendo
ahora vengo a saber que esto es cierto
que en el canto del pájaro alegre
se refleja la frescura
siempre nueva de tu voz

Hoy estoy recordando el pasado
y me adviertes que no intente
remediar lo ya olvidado.

Olvidado por tu amor,
y aunque queda algún dolor
sé que estamos bien los dos
para hacer todo de nuevo

Ahora hablamos de nada y de todo
recordamos que siempre has estado,
que la brisa y el viento alocado
igual gritan y susurran
lo que no pueden callar...

Todo habla de esto que hay
entre un loco y el Amor,
todo anuncia la emoción
que me da el saber que hoy
igual soy libre y esclavo
pero esclavo del Amor
y nunca más de mis locuras

No tengo palabra para agradecer
todo lo que siempre haces por mí
y me pides que solo me deje
abrazar por tu cariño,
como un niño
que en los brazos de su madre
así se deja consolar

Estoy aquí y estoy contigo
y eso es todo lo que importa
cuando al ver alrededor
descubro en un nuevo horizonte
el más original de los comienzos

Somos dos y nunca más
andaré como si aquí
entre tú y yo,
entre el amor y la locura
hubiera guerra en vez de paz

Somos dos y al recordarlo
quiero verte hoy a los ojos
descubriendo ahí el reflejo de mi rostro
teniendo la esperanza de que así,
de frente a ti
nunca olvide lo que hay entre tú y yo

LOCO AMOR

La vida cambia cuando un día te enamoras
haces las cosas que no habías imaginado,
te dan por loco quienes no se han enterado
que enamorado no se vuelve a ser igual

El tiempo ya no está encerrado en un reloj
para quien mira con los ojos del amor
porque si clavas tu mirada en esos ojos
el mundo entero detiene su rotación

Así las horas, antes lentas, se apresuran
y los minutos se detienen por la nada,
se altera todo cuando das la vida entera
por ese loco amor revestido de verdad

Y es que el amor tiene un poder inigualable
puede ser fuerza y a la vez debilidad
es aire puro que renueva a quien lo vive
pero que a veces no nos deja respirar

Quien se enamora es como si un tesoro hallara
lo deja todo por la real felicidad
que da el amor a quien se entrega por completo
para avanzar ya sin volver la vista atrás

Quisiera hacer yo mil poemas al amor
que puede hacer pronto los sueños realidad,
si damos todo no esperando recompensa
y la locura nos atrapa por sorpresa

Ahora hay que darle al sentimiento una razón
para que así nuestra locura sea muy sana
haciendo lo que el corazón nos manda
bien apreciado con la luz de la verdad

La vida cambia y yo prefiero así vivirla
haciendo todo lo que el miedo un día impidió,
soltando amarras y abriendo muy bien los brazos
para abrazar con la locura del amor

SIN CADENAS

No sé lo que fue primero
si verte a los ojos o escuchar tu voz,
pero sé que lo más importante
fue encontrar verdadero el amor

Hacía frío, lo tengo presente
te escuché desde mi corazón,
te miré con los ojos del alma
y así, repentinamente,
sentí tu calor

Sacudiste todas las ideas
que guardaba con tanto recelo
propusiste comenzar de nuevo
y empezar un rico vuelo

Y los miedos salieron huyendo
las mentiras quedaron desnudas,
tú quisiste despejar mis dudas
y mostrar con tu luz los senderos

Y así pude contemplar caminos
y salir de ese juego de engaños,
donde muchos se encuentran atados
a una sola propuesta de vida

Me sentí desde entonces más vivo
liberado de tantos prejuicios,
sin cadenas que me aprisionaran
y pensando en mi vida sin hilos

De tu mano sentía diferencia
tuve claro que eso era el amor
los temores se irían disipando
y muy dueño de mí
de a poco me iría acercando...

Ahora sé que ya no es relevante
si te vi o escuché después o antes,
lo que importa es que desde aquel día
decidí caminar con mi fe en ti
y mi corazón incesante

NUBES EN CALMA

Sentado junto a la ventanilla
contemplo una nube muy alta
y me hace sentir en el alma
una paz diferente y sencilla

Se ha ocultado el temor que punzaba
y la angustia se esfumó en el viento,
es distinto apagar mi mirada
sin que venga una imagen de miedo

Contento porque las tensiones
se quedaron bajo en el suelo
relajo mis ojos y admiro
el azul hermoso
de ese firmamento

Y no extraño ninguna molestia
es intensa la paz que me embarga,
por tener en una ventanilla
la visión de las nubes en calma

No hay dolores y eso es ya bastante
no me siento aturdido por nada,
el murmullo del viento me envuelve
y me ayuda a escuchar la tonada
de una alegre canción de mi patria

¡Qué bonito es aquí viajar
porque puedo así bien apreciar
sensaciones profundas y auténticas
de una cierta y grata libertad!

No me oprime ya nada por dentro
ni por fuera me encuentro perdido
sé muy bien por los rayos del sol
que de sur a norte se orienta el camino

De verdad que me encanta esta vida
y ver bien desde arriba hasta abajo,
los paisajes de Dios más hermosos,
con su paz, a través de un cristal,
todos llenos de promesas
y horizontes generosos

LA LUZ

Mientras volaba rumbo al sur
vi una luz en el oriente
tempranito y de repente
me envolvió en una emoción

Fue así pronto que yo supe
que esto era algo diferente
y en mi viaje habría sombras
sofocadas por la luz

Vino así, sorpresivamente
a hacer bello el horizonte,
donde alcanzo a ver un sueño
proyectado hacia mis años

Esa luz que vi en el cielo
es distinta a cualquier otra,
hace suaves los recuerdos
y agudiza la mirada

La mirada hacia el futuro
de un camino hasta hoy oscuro
que aparece hacia delante
iluminado y más brillante

Pude ver otros colores
que antes no veía tan claros
y apreciar tonalidades
de avivado resplandor

Es así que una mañana
transmitió la intensidad
y la fuerza de una antorcha
que hace clara la verdad
Tras la alborada me renuevo
y oriento yo mi rumbo
corrigiendo desviaciones
provocadas por los vientos

Remozado por la luz
y el esplendor de un nuevo día
quiero siempre yo volar
hacia una vida transformada

NUEVAS FORMAS

Que tu amor es mejor que la vida
me han dicho y empiezo a creerlo
y me admiro de todas las formas
tan tiernas de hablarme
y de abrazarme...

Me sorprende lo que haces conmigo
cuando siento que mueves mis pasos
para ir donde nunca había estado
y apreciar nuevas formas en todo

Los paisajes se vuelven poemas
el amor se me muestra en el agua
de la lluvia que cae en verano
refresca la tierra
y nos regala un nuevo aroma

Veo sonrisas donde antes no había
horizontes profundos cargados de luz
y en el sol se me muestra tu rostro
invitándome a amar
y a dejarme sanar

Hoy la vida me muestra otra cara
me presenta un futuro mejor
y me alienta a buscar en el cielo
un color diferente
que alumbre mi mente

Me emociono y me brotan las lágrimas
me enamora tu forma de actuar
y en la música encuentro motivos
para hablar contigo
y andar tus caminos
Mira bien ahora dónde me tienes
y cómo es que llegué hasta aquí
donde en todo te encuentro muy vivo
y con nuevos proyectos
te quiero servir

Que tu amor es mejor que la vida
no lo dudo y estoy muy seguro
de que siempre has venido a mi lado
alentando mis pasos
y ayudándome a dejar el pasado

SONRISA DE ESPERANZA

No tengo prisa aunque parezca,
no recuerdo paisaje más hermoso
que el amanecer del día de hoy,
no imagino algo mejor que tu sonrisa
que ilumina tanto como el sol

Sol que nace tempranito
luz que canta al corazón
bello poema que me dice
que el invierno despistado
llega tarde por amor

Se ha perdido el viento fuerte
que refresca la mañana
y ha dejado a nuestros días
un calor que no hace daño,
un descanso a nuestros años
que se tornan fríos,
ya cansados de buscar

De buscar quién dé color,
quién encienda la ilusión
a unos ojos apagados
que ansían ver la Navidad

Va la gente caminando
y mirando sin mirar
que no tienen
ya más ganas de abrazar

Nunca más ojitos tristes
nunca más rostros sin luz
quiero ver una sonrisa
que le cante a la esperanza
que mañana por la noche
Nacerá Jesús... en tu corazón

Jesús niño, Jesús sonriente
sol que nace en el oriente
luz que alumbra nuestras vidas
luz que alegra aquellos ojos
que en silencio reflejaron
los deseos de cantar

De cantar, de gritar y de abrazar,
de abrazar al tierno niño
que en la noche de mañana
nacerá en el corazón

Te quiero ver feliz en Navidad,
deseo verte reír al gozar,
la vida nueva y el calor
que nos viene a dar el Salvador

Hoy el sol calienta más,
tiene ganas de cantar
que ya no hay oscuridad
que haga turbia la verdad

Y verdad es recordar
que esos ojos que apagaron
unas lágrimas amargas,
ya no tienen que esperar
a ver la gloria hecha ternura,
a ver la vida en la dulzura
de un recién nacido
que nos viene a regalar
gracia, amor y felicidad

TAN DIFERENTE

Qué emoción me da verte feliz
qué ilusión me muestra tu sonrisa
es reflejo de un amor tan diferente
es locura de la buena
y eso alegra hasta la luna en la cornisa

Ruego a Dios que siempre tengas
en tus ojos esa luz
que borra sombras
que anima a caminar
y trae la paz

Vive cada instante con intensidad
abre el corazón de par en par
dalo todo sin escatimar
que en ello está
la más perfecta felicidad

Sé tú misma así como eres
mira que es mejor
andar tan libre
por la senda del amor
que ser lo que otros nos exigen

Busca en tu interior y encontrarás
muchos tesoros para regalar
busca muy bien para que sientas
que de adentro hacia fuera
fluye verdadera la paz

No cuesta nada cuando se ama
ser muy feliz así nomás
ver de colores los paisajes
porque se entiende
que en blanco y negro
nunca más se ha de mirar

Sé muy feliz, amiga mía
sea tu sonrisa inspiración
sea para tantos tu alegría
un testimonio de coraje y de pasión

Qué emoción de ser cercano
a algo así tan diferente,
a una ilusión así de viva
amor auténtico y sincero
deseo por siempre en ti exista

LIBERTAD, VERDAD, AMOR

Ver a alguien sonreír es motivo de inspiración. Es motivación que anima a dejar atrás los miedos y aventurarse a la libertad, a la que tanto tememos hoy en día.

Es verdad que, ante el mundo y bajo los criterios imperantes en nuestras sociedades, pretendemos una libertad que nos conceda una autonomía sin límites; y buscamos alcanzarla, muchas veces, aislándonos para demostrar que nada ni nadie nos gobierna.

No hay cosa más triste que ver a toda una generación joven enfrascada en la tristeza por dejarse engañar ante dicha falacia en la oferta de una irrealizable seudo-libertad. Lo cierto es que la verdadera y auténtica libertad se encuentra precisamente en el compromiso asumido por amor mediante la entrega personal y generosa de la vida, y a esa sí que le tenemos miedo.

Sin embargo, es ese el camino que libera haciéndonos responsables; que nos hace dueños de nuestro ser y existir, para elegir en conciencia lo que más conviene a nosotros y a los demás. Tal vez por eso le tememos tanto, porque no solemos atrevernos a soltar las amarras de nuestras egoístas comodidades así tan fácil.

¿Cómo no van a ser capaces de animar a otros, unos ojos tan llenos de luz porque se han dejado enamorar? ¿Porque se han dejado cautivar por el encanto, que eleva a niveles de compromiso inalcanzables con nuestras propias fuerzas? En realidad, ver a una persona enamorada nos contagia porque nos muestra lo sublime del Amor, lo bello que resulta descubrirse amado, lo grandioso de encontrar en el camino a un Dios que nos ama sin límites. Por eso es importante abrir el corazón y liberarlo de candados, ataduras, prisas y miedos; dejándolo palpitar a su ritmo natural, para que transmita en cada latido una luz radiante hacia los ojos, que a su tiempo iluminarán a quien se atreva a mirarlos con sinceridad y transparencia.

Esto, sin embargo, no es fácil de encontrar actualmente. Muchos jóvenes buscan más quién les ame y les haga felices, antes que buscar la felicidad real en la entrega de la vida por amor.

Nos perdemos así muchas oportunidades de caminar directo hacia la felicidad. Requerimos quitar las telarañas de nuestra mente y nuestro corazón, permitiendo que la verdad reluzca desde lo más profundo de nuestro ser, que desea y anhela fervientemente ser feliz.

Ahora bien, hay que tener cuidado de no confundir el amor con la emoción del enamoramiento, porque podría resultar peligroso e incluso catastrófico. Así, por ejemplo, muchas mujeres y hombres jóvenes desean comenzar un proyecto de vida partiendo de la idea de que su novio o novia es la persona perfecta, y que no hay nadie mejor. A ellos, yo les recomiendo escribir en un papel: "Hay miles mejores que él/ella, pero le elijo para entregarme y amarle buscando solo hacerle muy feliz".

El consejo es real, sobre todo porque cuando apenas se inicia una relación de noviazgo, verdaderamente se cree que la persona amada no tiene defectos.

Y si ese es el único criterio de decisión para iniciar un proyecto tan serio como el matrimonio, lo más seguro es que, tan pronto como pase esta breve etapa de emoción, suceda la frustración y vengan los problemas, que la mayoría de las veces desencadenan en la irreparable ruptura.

Los seres humanos no somos máquinas automatizadas, sino que vivimos procesos que requieren tiempo y paciencia. Es muy cierto que la vida cambia cuando alguien se enamora, pero para aprovechar ese impulso que da el enamoramiento, se requiere abrir el corazón y ponerlo en contacto con la razón.

No se decide solamente basado en los sentimientos ni solo en buenas razones, por más convincentes que éstas sean. Se precisa, en cambio, abrir el diálogo entre la razón y los sentimientos para ser así muy sensatos en nuestro camino hacia la felicidad en el amor.

Cuando se toman las decisiones de esta forma, se asume un compromiso responsable con uno mismo y con los demás, alcanzando entonces la plena libertad que solo hace posible el amor; y eso, emociona a cualquiera.

Ahora sí, se desea entregar la vida y se esperan los inminentes cambios que vendrán a remozar todo aquello que se ha dejado oxidar en nuestro interior. Viene entonces, la necesidad de abrir el panorama y considerar legítimas las diferentes opciones para construir un proyecto de vida, mientras sean motivadas por el amor desinteresado y generoso.

Animémonos y atrevámonos a abrir el corazón de par en par, hasta dejarnos atrapar por el amor que nos mueve a darnos copiosamente a los demás. Esa es la vía más auténtica hacia nuestra felicidad. Lo que nos hace tan diferentes y tan inspiradores para otros en la búsqueda de verdadera libertad, es precisamente esa capacidad de captar la vida "de colores" al abrir los ojos atentamente cuando uno se enamora, para después aprender a irlos cerrando poco a poco, en el proceso natural del amor que nos lleva a descubrir que éste no se vive solo como una emoción, y que las apariencias, muchas veces, engañan. El horizonte embellecido ante nosotros, es garantía de ir por buen camino, y sin embargo, cuando éste comience a "perder" esa belleza, habrá llegado el momento de intentar verlo *con los ojos cerrados.*

"Conocerán la verdad y la verdad los hará libres".
Juan 8, 32

PROYECTO DE AMOR

Ten paciencia muy pronto vendrá
la esperada ocasión de abrazar
para siempre una forma de vida
invitada por Dios para amar

Quieres ser de verdad muy feliz
y es que Dios ya creó en ti su imagen
para así realizar un proyecto
que es tan tuyo como lo es de él

Y te invita a vivir plenamente
con su luz a brillar en el mundo
a lograr un efecto en las vidas
ilustrando para ellas la paz

Todo eso vendrá a su momento
mientras sigas amando lo que haces
mientras busques en verdad quién eres
y al llamado del amor así responder

Tus diseños reflejan a Dios
y tus sueños ya son compartidos
porque es él quien los siembra en tu campo
es también quien los hace crecer,
mas te invita a elegir de su mano
con confianza una forma de ser

De ser suya y abrirle tu vida
de cuidar los colores más vivos
en la imagen en ti ya alineada
que será como su arte final

Sé muy cauta y no dejes pasar
la mejor ocasión de buscar
junto a Dios lo que sí es para ti
que él es padre y no sabe mentir

Él es fiel y camina contigo
tú no temas a ser defraudada
ni te dejes vencer por el miedo
de perder lo que se ha conquistado

Tu proyecto será así muy fuerte
si disciernes lo que Dios de ti quiere
fundarás una bella familia
en roca firme y no arena que mueve

No hagas caso al temor que se siente
cuando crees que ya no hay libertad
porque nunca serás tú más libre
que abrazando bien su voluntad

Sigue así siendo una gran artista
diseñando no solo unos trazos
sino siendo con Dios muy creativa
dibujando crepúsculos, amaneceres
y devolviendo al desierto la vida

SIN MIEDO

Quiero apostar la vida entera
lo digo en serio y de verdad
no guardaré para mí mismo
lo que es de Dios y nunca mío

Él me ha entregado nueva vida
la cual yo quiero regalar
a quien me ama y por mí muere
para después resucitar

Me juego todo y voy seguro
de no arriesgar ni perder nada
porque con él siempre se gana
cuando se vive en el amor

Voy cien por ciento convencido
de que éste es el mejor camino
que ya no quiero regresar
a donde anduve tan perdido

me voy pensando que es mejor
vivir así tan liberado
de todo aquello que me impide
mirar sin miedo a la verdad

Quiero jugar todas mis cartas
ya no voy más a escatimar
deseo asumir un compromiso
con corazón más generoso

No dejo al tiempo decidir
acepto el reto en libertad
lo dejo todo desde ahora
porque así quiero yo vivir

Vivir por quien es el motivo
de mis más grandes alegrías
y de este fuego que en mis huesos
nadie podrá ya sofocar

Apuesto todo pues no quiero
ser otra vez un egoísta
no tengo nada y tengo todo
pues tengo a Dios y eso me basta

PARA SIEMPRE

Quiero ser tuyo para siempre
yo ya tomé la decisión
de regalarte el corazón
y de abrazarte así muy fuerte
sé que no es solo una emoción

Y cuando digo para siempre
pienso que eso es aun poquito
porque en el tiempo me he perdido
ya solo cabe en mi mente
pensar en ti y estar contigo

En eso se me van las horas
y el minutero se acelera
si estamos juntos disfrutando
como también se vuelve lento
si para verte espero yo

No tengo ya principio y fin
solo me muevo en los instantes
que están aquí y más allá
que permanecen y se van,
destellos son de eternidad

Como aquel niño que se admira
de ver la luna en la ventana
al despertar por la mañana
así soy yo cuando me encuentro
con mi reflejo en tu mirada

Porque es el brillo de unos ojos
que anima a entregarlo todo
imagen clara de que he sido
desde el amor yo concebido
y creado así para algo más

Para algo más que solo estar
atado al pulso de un reloj
prendado a ideas y a sistemas
tan oprimido por problemas
que truncan la felicidad

Por eso quiero ser de ti
porque no encuentro otra manera
de ser más libre y más dichoso
y no podría vivir pensando
que pude serlo y nunca fui

Se ha abierto el cielo frente a mí
y así no puedo ir para atrás
me voy contigo a donde quieras
no importa ya lo que sufrí
porque a tu lado soy feliz

ASÍ PREFIERO

Soy libre para elegir, lo tengo claro
y te elijo a ti por sobre todo
porque más que otra cosa yo quiero
caminar para siempre a tu lado

Tengo muchas opciones delante
todas ellas para mí legítimas
pero quiero gastarme la vida
haciendo todo para más amarte

No imagino la vida sin ti
ni viviendo para mí mismo
veo más bien que en mi corazón
amo a todos amándote a ti

Contemplar posibilidades
me hace actuar en libertad
y viviendo en la verdad
quiero así yo responderte

Deseo darte un sí por siempre
contestando a tu llamado
no me importa lo que piensen
de este loco enamorado

Y si el mundo me hace menos
es porque aun no se da cuenta
que viniendo a él la Luz
prefiere a veces las tinieblas

Yo mismo había entendido
la libertad como otra cosa
pues estaba confundido
y no te había reconocido
Hoy conozco tu presencia
pues saliste tú a mi encuentro
no concibo otra manera
de ser más libre y más auténtico
que viviendo a ti sujeto
en el amor y la verdad

Así yo quiero caminar
y así prefiero elegir
sabiendo que nadie me obliga
y que esto es entre los dos

Prefiero mil veces tu amor
y ser feliz siempre contigo
en una nueva vida amando
y dando todo
por quien todo da por mí

LA REBELDÍA

Tenía motivos para ser muy rebelde
para salirme de casa y no volver
por pretender así alcanzar la libertad
ese era yo sin conocer en realidad

Fui mucho tiempo un despistado
que bien no pudo comprender
tantos peligros de la noche
cuando dejé el amor a un lado

Y así quería volar muy alto
trataba de ser muy astuto
pensando solamente en mí
y muchos riesgos no medí

Mas un buen día conocí
el amor puro y encarnado
que es tan divino y tan humano
que no se alcanza a distinguir

Fue así el amor hecho persona
en un abrazo fuerte y tierno
quien me encontró mientras yo andaba
entre el error y el desacierto

Salió a buscarme en el camino
no tuve que llegar a casa
lo pude ver fijo a los ojos
y me envolvió con su mirada

Me recordó que siempre estuvo
él muy presente en cada cosa
amando siempre mi persona
y soportándome en todo
Y ahora sí puedo ser libre en verdad
y sostenerme en los brazos del amor
para vivir muy plena la felicidad
que me ha atrapado y ha encendido la ilusión

La rebeldía ya se ha quedado en el pasado
no tengo más necesidad de ser osado
ni de mostrar a las personas lo que tengo
sé que no baso mi alegría en poseer
porque no soy más que un feliz enamorado

ALLÁ EN EL HORIZONTE

No te miraba de frente
volaba con viento cruzado
y allá en el horizonte
no alcanzaba a ver el sol

Ahora el viento me lleva y me trae
me eleva y me empuja con fuerza
me atrapa, y en una tormenta
golpea mis sueños más vivos

Soy como un niño perdido
soy como un ave cansada
que en el suelo mojado aletea
y se quiere levantar

Me pierdo en el camino
doy tumbos y consigo
avanzar un poco más

Hoy tengo tiempo
me detengo y me lamento
por mi suerte que me mueve
a volver la vista atrás

¿Soy yo quien te espera?
¿O eres tú quien me llama?
escucho una voz y regreso al principio
al origen de todo

Cuando en mi llanto lavé una mentira
la burla de una farsa vivida por años
en la risa que esconde los daños
y me oculta la verdad

Viro hacia el Oriente
casi sin sentir el frío
y ahora guardo en la frente
el calor del sol amigo

No soy yo quien te ha buscado
sino tú quien me has hallado
me has despertado del sueño
y me has hecho volver

Con los ojos bien abiertos
te encuentro de mañana
ya en mis sueños te buscaba
sin saber y sin pensar

Voy despacio y me detengo
vuelo lento y no comprendo
que la brisa suave y fresca
me hable tanto de tu amor

Te miro a los ojos ahora
despego con viento de frente
y allá en el horizonte
tu sonrisa siempre me enamora

UN SUEÑO NACE

Desde niño yo soñé
con viajar sobre montañas
elevarme sobre el suelo
y apreciar desde lo alto
el horizonte iluminado

Fue un buen sueño cultivado
en cada noche de mi infancia
proyectando a luz de día
el deseo de ser tan libre
como un ave que planea

Soñé dormido
en largas horas de descanso
después despierto
y quise yo seguir soñando
para vivir eternamente
apasionado por el cielo

Soñé y no fue sin miedo
pero el tiempo me ayudó
a entender que con valor
se vive siempre lo mejor

Volé tan alto como pude
rompí unas nubes con mis alas
tormentas bravas yo enfrenté
y fue en un sueño que mantuve
latiendo fuerte hasta crecer

Un sueño nace
cuando un niño es alentado
a vivir imaginando lo mejor
de una vida que se vuelve pesadilla
si no existe la ilusión por el amor

Deja que el viento te transforme en soñador
deja que el vuelo te sorprenda de verdad
proyecta sueños en la vida cotidiana
serás feliz si crees en ellos
con todo tu corazón

CON LOS OJOS
CERRADOS

UN SUEÑO MUERE

Como semilla que en el campo hace surgir
la hermosa planta que dará fruto abundante
algunos sueños también deben de morir
para ver pronto cómo crece algo más grande

La buena tierra se dispone a recibir
un grano listo para no ver más la luz
vuelve a su origen para así poder morir
y no quedar como si nada hubiera existido

Una semilla puede ser en sí muy bella
pero en su forma no la hemos de admirar
mejor dicho, deseamos pronto poder contemplar
la vida nueva que en ella contenida está

Así un buen sueño puede ser tan puro y noble
y puede en sí guardar latentes hermosuras
de vida joven germinada en la ilusión
que fue sembrada con amor al corazón

Los sueños vienen a avivar nuestra alegría
y a encender los corazones apagados
le dan un brillo inigualable a nuestros días
sosteniendo almas entregadas al amor

Quién fuera un niño que vive soñando
imaginando cómo el mundo recorrer
volar muy alto y conocer bien los secretos
del sol radiante que nace al amanecer

Pero hasta el sol se pierde allá en el horizonte
debe dar paso a la profunda oscuridad
que hace morir de uno a uno nuestros días
para que así por la mañana al despertar
el astro vuelva renovado y brillante
a iluminar con su fulgor a la penumbra

Los sueños brotan de quien tiene muchas ganas
de imaginar que un mundo lleno de color
se hace posible si buscamos muy adentro
del corazón que se refleja en la mirada
que busca paz en donde solo hay confusión

Un sueño tuvo que nacer cuando era niño
después vivió y lo vi crecer de a poquito
me fue brotando desde el fondo de mi ser
y no quise dejarlo como semilla

Llegó así el día para dejarlo morir
y que de adentro le surgiera algo diferente
con frutos grandes y con sueños encarnados
en los momentos que soy más feliz

Un sueño muere cuando tiene que dar paso
a nuevas formas de abrazar la realidad
imaginando un mundo siempre mejorado
por el amor que de los sueños brotará

Dejé morir así mi sueño de la infancia
mas triste no estoy por así haberlo hecho
estoy feliz y ahora esperando lo que viene
sabiendo que es el mismo Dios quien lo alimenta

QUERÍA YO VOLAR

Tengo claro que la vida es breve
y que las cosas se acaban,
unas se quedan un rato
y otras pasan de largo

Quería yo volar y dibujar
una sonrisa en lo alto
surcar el cielo y gozar
bordeando nubes mozas

Fue real, eso vino y se fue,
sucedió con alas de acero

Muchas veces soñé y desperté llorando
me miraba despegando sobre el mar
y pensando ¡qué felicidad!

Me hacía falta aterrizar
rodar sobre la pista y sentir el suelo
quise volar y desperté en el cielo

Tengo claro que la vida vuela
y que las cosas buenas se quedan
que solo el amor bien sufrido
hace volar en realidad

Yo quería volar y no sabía cómo
y tú me hacías ver
que es imposible sin un plan de vuelo

Cuando el amor descubrí
encontré un gran tesoro aquí dentro
las caricias suaves y los besos tiernos
de una madre enamorada muy en serio
Quería yo volar y dibujar
una sonrisa en tu rostro
tocar tu piel y gozar
bordeando tus ojos mozos

Fue real, eso vino y se quedó,
sucedió con alas del amor

Muchas veces soñé y desperté cantando
me miraba caminando de tu mano
y gritando mi felicidad

Tengo claro que la vida es bella
y que si uno no abre el corazón
se queda un rato
pero pasará de largo todo lo bueno

A PESAR DE MÍ MISMO

Que yo confíe en tu amor es lógico
pero que tú apuestes por mí
es difícil de entender
y solo lo agradezco

Porque tu amor es simple y grande
y el mío está muy complicado
a veces da y a veces no
se entrega poco y pide demasiado

Por eso quiero yo aprender
a amar en serio y no perder
la fe que un día alcanzaré
volando tan alto como tú

Ahora entiendo más las cosas
porque de ti voy aprendiendo
y no me queda otra elección para ver
que intentar cerrando mis ojos

Si deseo alcanzar a mirar
lo más bello y lo más admirable
si pretendo ser yo más sensible
mis luceros debo de apagar

Para ver así todo más claro
y captar lo realmente importante
despojado de muchos prejuicios
de falsas ideas y envejecidos temores

Porque así es el amor muy sencillo
tan perfecto al dar todo sin miedo
liberado de tantos engaños
que no acepta ser condicionado

Yo doy gracias por este camino
que en la vida ya he recorrido
por saberme al final elegido
por tu amor, a pesar de mí mismo

Te agradezco tu firme confianza
al amarme con tanta simpleza
yo te doy mi respuesta de amor
y te pido un poco de paciencia

Que tú confíes en mí lo acepto
pero que yo deje de amar no quiero,
es difícil conformarse
y por eso apuesto todo esto

EN UN ABRAZO

En un abrazo se funden las esencias
es como un todo ahora compuesto por dos almas
fuerza lograda por la unión de voluntades
vida elevada a lo sublime del amor

Es como un lazo que une vagas ilusiones
y tienen sentido ahora los sueños de la infancia
cuando pensábamos que el mundo era de todos
y con sonrisas lograríamos la paz

Es el abrazo una fusión de sentimientos
de corazón a corazón comunicados
y en él se vuelven casi inapreciables
las diferencias entre personalidades

Y se renueva así la vida en un abrazo
es como el aire que refresca la mañana
se siente todo y a la vez se siente nada
no gira el mundo alrededor

No hay mediadores que confundan las ideas
si en un abrazo están muy juntos los amados
es una forma de especial conocimiento
por intuición en inmediata relación

Y si el abrazo se da con ojos cerrados
no necesita de una luz para entender
que es verdadera comunión entre personas
porque hacia dentro encuentra su brillantez

Y al detenerse el tiempo en un instante
pierdes tu suerte y a la vez lo ganas todo
para vivir ahora y por siempre renovado
al entregarte por amor en un abrazo

HACIA DENTRO

Si cierro los ojos
me puedo perder en el tiempo
y puedo encontrar
fantasías salpicadas de humor

Si miro hacia dentro
sacudo guardados talentos
para renovarlos
en prosa o en verso

Si apago la luz de mis ojos
percibo otra forma de ver
y capto los nuevos matices
que solo aparecen
en el interior

Los ojos cerrados
me dejan planear sin motor
y los pies en el suelo
me ayudan a emprender el vuelo

Mirar hacia el cielo
no es ver hacia arriba
es cerrar bien los ojos
y encontrar allí la luz

Si apago los ruidos
me encuentro conmigo
y en calma se escucha
mejor la verdad

Que vivir muy feliz
no es comprar lo que quiera
es cantar en silencio
una bella canción
Por eso me gusta
cantarle a la vida
por eso prefiero
escribir que viajar

Porque viajo
con unas palabras
y no necesito más alas
que mi imaginación

Yo te invito a cerrar bien los ojos
y a viajar lo más lejos que puedas
para ver con los ojos del alma
y volar al espacio interior

Es así que me pierdo en el tiempo
y me hundo en un mar de recuerdos
proyectando con mis sentimientos
lo que me he encontrado
al mirar hacia dentro

INSPIRACIÓN

En qué momento llegó hasta aquí esa idea
de escribir todo yo en verso
no sé ni el día ni la hora
solo sé que de esta forma
va reluciendo en las palabras
un cálido brillo que aflora

Las hace ser algo aun más vivo
que un simple instrumento del lenguaje
brotando de alguna inspiración
que ha desbordado el corazón

Un corazón que no concibe
otra manera de expresar
las impresiones que han dejado
tantos sucesos bien vividos

Algo acontece en mi interior
a veces sin mí y a veces conmigo
es algo íntimo y muy mío
y que me gusta compartirlo

Un sentimiento algo especial
resulta tal cual, no provocado
satisfacción que da el encuentro
de la inspiración con lo vivido

Cada suceso es una puerta
que se abre hacia dentro así sin más
lleva al recinto donde guardo
reminiscencias de mi vida

Entonces terminan en mi mano
y luego en papel las nuevas formas
de transmitir los sentimientos
emanando palabras transformadas

No podría ser de otra manera
sin la inspiración que es encontrada
así de repente en una luz
o en una mirada despistada

Viene y se va y hay que buscarla
sin ella no puede ser plasmado
el bello mensaje de la verdad
de amor y libertad

Quiero cantar algunos versos
otros los voy aquí a guardar
en una caja asegurada
hasta que encuentre su lugar

Y hasta que llegue así el día
y la hora marcada por la vida
en que ya todas las palabras
muestren lo que ellas significan

Sea muy libre el corazón
que alcance a mostrar así de fácil
la inspiración que da el amor
y la verdad bien expresada

NOTAS FELICES

A ver si en un sueño encuentro notas musicales
tan locas que alegren una muy triste canción
que llenen de gracia aquella dulce melodía
y luego transformen lo aburrido en emoción

Son notas felices que se encuentran solo en sueños
ahí pueden ser tal como son en libertad
y en realidad permiten ver que la tristeza
se puede vencer con una dosis de locura

Debo contar de cada historia ya soñada
recuerdos de tonos y de bellas armonías
las risas cantadas como versos de poesía
obras completas colmadas de ilusión

Es mi deber buscar muy bien en los cajones
la historia soñada aquella noche con corcheas
brincando de una lado para el otro y muy contentas
en un pentagrama dibujado con crayones

Solo en un sueño así de loco encontraría
los más curiosos elementos de una pieza
gratos sonidos en figuras musicales
para luego despertar cantando ésta

Y así sucede cuando en una pesadilla
la disonancia nos asusta en un acorde
vienen después las notas locas a arreglarle
y así entonces pueda yo entonarle

Es muy probable que si duermo tempranito
venga ese sueño y me ayude a imaginar
que lo emocionante llega así, muy despacito
con buenos compases y poquito de buen ritmo
Ahora me toca descansando la mirada
cerrar bien los ojos
y apagar pronto la luz

Para dormir a ver si encuentro por la noche
en un viaje largo por los sueños
la nota feliz y divertida
que alegre por siempre mis mañanas

FIESTA DE PALABRAS

He esperado el momento indicado
para hacer de esta noche una fiesta
en la que arme con unas palabras
unos cuantos recuerdos del día

Me divierto pensando en voz alta
celebrando y mirando la luna
repasando con calma en la mente
las sonrisas y las aventuras

Es mi fiesta y para ella he esperado
unas horas de largo silencio
para luego escribir con soltura
cualquier cosa que a mí se me ocurra

Es verdad que los ojos cerrados
me permiten ver más de la cuenta
porque miro hacia dentro de mí
y es ahí donde se halla la fiesta

Y sin ver se componen estrofas
casi solas y sin tanta ayuda
y es por eso que me gusta la noche
porque ella más me inspira
cuando uno todo se entrega

Ya he esperado otras veces de día
y no llegan así tan de pronto
las ideas que mueven mi mano
a escribir y a expresar la alegría
Ahora quiero yo hacer un recuento
de lo que hubo en mi larga jornada
revisar qué tanto he disfrutado
del amor que me ofrece la vida

Y si no me he dejado yo amar
puede ser que lo haya olvidado
que no hay mejor cosa en el mundo
que el amor sincero
para ser afortunado

¡Qué bonita la noche de hoy
se percibe la fiesta por dentro
con palabras que van describiendo
con gracia y con ritmo
el amor que estoy viviendo!

Si he fallado pido perdón
si me he equivocado al guardar para mí
todo aquello que he recibido
y que es un tesoro para ser compartido

Mirando hacia dentro de mí
las palabras me salen más fácil
y describen con sinceridad
las memorias que quedan allí

Y es así que unos versos me dicen
que ya la fiesta va terminando
y las palabras me han recordado
las sonrisas y las alegrías
las tristezas y algunas torpezas
de esta bella jornada que llega a su fin con algarabía

Ya mañana veremos qué pasa
en el largo transcurso del día
y al llegar el momento indicado
celebre de nuevo una fiesta en armonía

Con palabras que expresen recuerdos
con la luna ambientando la noche
dando gracias por haber tenido
un nuevo instante para amar

NUESTRO VIAJE

¿Cuánto tiempo llevamos perdido?
no hay reloj de minutos gastados
son las luces que se han apagado
y en grises recuerdos
nos vienen buscando

Van las sombras detrás de nosotros
de las cosas que no hemos dejado
es el lastre que no nos permite
en un tramo de pista
levantar nuestro vuelo

Muchas veces nos hemos perdido
y otras tantas nos hemos cansado
de mirarnos buscando respuestas
sin al menos haber preguntado

Vamos ahora a emprender nuestro viaje
y a trazar una ruta directa
que nos deje apreciar el paisaje
sin perder el destino de vista

No tenemos más tiempo que el hoy
y de pronto solo es un instante
pero qué nos importa si en él
va nuestra alma entregada
en un amor tan constante

Ya no midas minutos ahogados
en las olas de un mar agitado
si la vida en amor elevaste
y la encuentras completa
en un solo instante

Las respuestas nos llegan ahora
pues nos vemos y hablamos de frente
las miradas se encuentran a tiempo
y levantan el vuelo con cierto talento

No hace falta volver a lo de antes
cuando el tiempo medía nuestras prisas
ahora vamos con calma a encontrar
en la brisa del mar
nuestra más grande amiga

Es el viento de frente que ayuda
a elevar nuestro vuelo en un tramo de pista
para luego vivir cada instante
completo en un viaje
hacia la eternidad infinita

TIEMPO AL TIEMPO

Hay que darle tiempo al tiempo
he de ser dócil al viento
que me habla suave de lo que hay adentro
de un corazón que poco sabe esperar

Los años dejan en el alma algunas marcas
se van quedando las tristezas atoradas
hay que ayudarlas a salir para que el sol
con su calor alivie
las penas recordadas con dolor

Quería apurar todas las cosas importantes
sin darme cuenta que la vida es un proceso
que toma meses a un frondoso árbol
recuperar después de invierno su color

Pasan los días y con ellos van los sueños
vuelan los años consumiéndonos por dentro
si no sabemos disfrutar cada momento
viviendo lento y dando siempre tiempo al tiempo

Y es que no busco en el olvido la salida
tengo presente que llegué a ser árbol seco
quedan por siempre los recuerdos bien guardados
pero sanados por la fresca primavera

El tiempo ayuda pero no se puede nada
si en ese lapso nos quedamos esperando
a que la vida cambie así como por magia
lo que a nosotros corresponde ir transformando

Mas es verdad que todo pasa en su momento
no hay que apurar las cosas que no son para hoy
que el tiempo cura las heridas es muy cierto
si las ponemos en contacto con el sol

La meta es ver con claridad el interior
y descubrir que el sentimiento al recordar
se ha convertido con ayuda del amor
en ilusión que se proyecta remozada al exterior

Contento voy dándole tiempo al tiempo
pasito a paso hasta llegar a mi final
dócil al viento que me inspira ser más libre
con la paciencia y la alegría del río en su cantar

ALGUNOS SUEÑOS HAN DE MORIR POR AMOR

El mundo nos ha ido enseñando que hay que dar rienda suelta los sueños y buscar su realización a toda costa, sin límites ni represión alguna.

La idea de soñar y proyectar a futuro lo que brota desde el corazón, me parece genial. Considero incluso que es necesario soñar, ya que efectivamente todo gran proyecto nace de un noble sueño.

Sin embargo, existen sueños que ni aun con toda la belleza de paisajes contemplados desde el cielo; aun con los más sublimes amaneceres en el horizonte del Atlántico ni con lo hermoso de un despegue en avión sobre la playa muy tempranito, poseen su grandeza en la forma, sino que la contienen como una semilla que guarda la vida de algo mucho más grande en su interior.

Por ello, sería muy válido que algunos sueños nobilísimos tuvieran que morir para dar paso a la vida contenida en ellos, por más paradójico que pudiera parecer si juzgamos con los criterios, tantas veces egoístas, de nuestro mundo actual.

Cuando legítimamente se deja morir algún sueño para dar pie a algo más grande, suceden cosas extraordinarias y la realidad de nuestro entorno adquiere nuevas formas ante nuestros ojos.

De los sueños debe de brotar precisamente amor, y por amor vale la pena seguir soñando con los pies bien puestos en la tierra, así como a un avión le es siempre necesario rodar sobre la pista y dejar un poco de caucho en ella antes de emprender el vuelo. El amor soñado debe después concretizarse en acciones simples, nada complicadas, que manifiesten la autenticidad de lo más esencial en nuestro camino de felicidad: la autodonación irrestricta.

Porque para *"volar en realidad"*, es necesaria la constancia hasta descubrir que es imposible seguir viviendo si se deja de amar con acciones concretas de generosidad y entrega.

Quien así lo hiciera, en realidad camina como muerto en vida, porque las expresiones de amor son tan necesarias como el aire que respiramos y la donación de sí mismos es tan valiosa que aunque pareciera que perdemos, ganamos todo.

Vamos comprendiendo, entonces, que es necesario soñar en grande, soñar con volar muy alto, soñar con la eternidad desde nuestros instantes. Porque si los sueños se reducen a alcanzar el éxito profesional, la fama o el dinero, perdemos la oportunidad de proyectar frente a nosotros lo más grandioso de la plenitud humana, cuando no se necesita nada más que amor bien vivido.

La felicidad es mucho más que comprar lo que uno quiera, y que tener de "sobra", porque en realidad, ese es uno de los más grandes engaños en los que caemos. Si realmente el dinero representara la felicidad plena, los ricos ya no tendrían necesidad de buscar ganar más, pues se encontrarían satisfechos con lo ganado, y sin embargo, mientras más se tiene más se ambiciona.

El amor, por el contrario, nos hace realmente plenos y deja en nosotros la certeza de no necesitar nada más porque se tiene todo sin poseer nada.

Ahora bien, para alcanzar esa certeza se requiere ir despacio, detener un poco el ajetreado ritmo en el que vivimos sumergidos y oprimidos, hacer pausas que favorezcan la contemplación. Cerrar los ojos un poco, respirar profundo y volar con gracia al espacio interior, para buscar qué sentimientos se mueven en lo profundo. Vamos dándole tiempo al tiempo sin apurar las cosas, contemplando, disfrutando con alegría y paciencia, sin las prisas inútiles de nuestros días; distinguiendo por medio de la reflexión y la autoevaluación, lo verdaderamente esencial de la vida.

Que la contemplación de nuestro entorno, incluso *con los ojos cerrados*, nos lleve a fomentar en nosotros la esperanza activa que motiva a la transformación de nuestra realidad poco a poquito. Cada día podríamos hacer un recuento de la jornada y repasar la concreción de unos sueños y la muerte de otros, tratando de descubrir si verdaderamente de nuestros sueños brota amor y si ellos nos encaminan a la felicidad real.

"Si el grano de trigo que cae en la tierra no muere, queda solo; pero si muere, da mucho fruto".
Juan 12, 24

SI MIRAS HACIA ATRÁS

No mires atrás más que para comprender
y si miras
hazlo con ganas de aprender

Que la vida que hoy sacude
ha sido buena tantas veces
repasa las horas pasadas
revive la historia ya escrita
revisa tus jornadas
y descubre los pasos del amor

Ha estado siempre presente
en las luchas y caídas
en los triunfos y alegrías
en las ganas de reír
y en las noches sin dormir

Mira atrás para comprender
que quien eres hoy no nació ayer
sino se ha forjado en el calor
y ha crecido bajo el sol

Fueron largas las andanzas
y lentas las esperas
y hoy es grande la sonrisa
que se refleja en donde estuvieras

Estás aquí mirando atrás
revive alegre hoy tu historia
que el amor tan anhelado
nunca se ha ido de tu lado

Te ha llamado al corazón
y te ha escrito algunas cartas
no ha olvidado el día de tu cumpleaños
y tampoco ha llegado tarde aunque parezca
que se va y nunca más vuelva

Mira atrás con ganas de entender
que el pasado ha sido bueno
y que el recuerdo invita
a abrir el corazón de nuevo

Un corazón cerrado por años
que en el recuento de los daños
no ha querido ni escuchar

Mira atrás de cuando en cuando
mas nunca pierdas el paso
atrás voltea a revisar quién eres
fijando la mirada en tu destino

Mira con amor y esperanza
que el proyecto más auténtico
nace de hoy en adelante

Caminando sin parar
mira atrás para encontrar motivos
y vuelve luego la mirada a tu camino

Vienen nuevas experiencias
corre con paciencia
disfruta el caminar
mira atrás para comprender
que la vida se vive de verdad
caminando siempre hacia delante

CON LOS OJOS CERRADOS

Tengo ganas de escribir con los ojos cerrados
tengo ganas de mirar hacia dentro
y descubrir en un mar interior
tan profundo como el océano
sentimientos y emociones en silencio

Son muy míos los recuerdos
y quiero volver sobre ellos
para no avanzar como si nada
para no vivir como si el día
por pura inercia terminara

Que no me pasen los años creyendo
que las cosas suceden
porque así tienen que ser
busco la capacidad de comprender
mis movimientos y sus causas
los motivos que hoy animan
los más íntimos deseos del alma

No quiero que se diga que hice lo que quise
quiero un corazón más bien apasionado
por lo que hay de noble y justo
por lo que hay de bello y verdadero
en un mundo que me atrae por todos lados

Voy a hablar de lo que guardo muy adentro
tengo ganas de pensar con el corazón,
de encender las emociones
que he ignorado y dicen tanto
de quien soy el día de hoy

Soy quien soy porque en el tiempo
me he formado en el dolor
voy creciendo y me lamento
por no haber visto desde antes
que es con ojos interiores
que se aprecian de verdad
los más vivos colores

Que no pase más de largo
de las cosas importantes
quiero detenerme a contemplar
a ver muy bien por dentro y fuera
rescatando su esencia

Quiero guardar de cada oración un recuerdo
de cada sentimiento hacer una poesía
entonar las emociones ya encendidas
y así poder vivir
enamorado de la vida

Que no me pase otra primavera
sin oler una bella flor
sin cantar con la alegría de las aves
y después de meditarlo en mi interior
sepa guardar lo bueno,
dejando a un lado lo malo
y escribir de vez en cuando
algunos versos con los ojos cerrados

EL SUEÑO

Me vi muerto y devuelto a la vida
fue en un sueño tan real como el frío
me vi pálido y luego del llanto
oí la cálida voz de los míos

Qué emoción tan extraña me invade
no comprendo lo que ha sucedido
debe ser que con en el paso del tiempo
ni cuenta he tenido
por tantos errores cometidos

Pudo ser que en un punto del viaje
me ha desviado algún viento del sur
o al llegar al final de algún vuelo
hasta el suelo he caído
sin verme en mi destino

Yo no sé lo que me haya pasado
y ahí lo raro de esta única escena
solo sé que de entonces hasta ahora
tengo vida y la tengo por ti

Tuve mucha confianza en mí mismo
se apagó en aquel sueño tan raro
ahora sé que mis fuerzas no bastan
y que es necesario cambiar y dejar a un lado

Dejo atrás la confianza en mis fuerzas
que había sido tomada por buena
mas yo juzgo que ahora eso es nada
y el empuje me viene desde el cielo

Ahora quiero también olvidar
y callar lo que atrás ha quedado
para entonces soltar las amarras
y luego lanzarme
de aquí hacia delante

Corro fuerte hasta lo alto
hacia todo lo perfecto
abrazando el instrumento
que es escándalo para unos
necedad para otros tantos

Dime entonces qué es la vida
si no se hace de ella ofrenda
es tan vana y tan vacía
que se pierde en coyuntura

Mas vivir aquí a tu lado
viene a ser muy diferente
porque tú me has enseñado
a servir a los demás
y a morir ganando vida

Vi muy claro en ese sueño
que es preciso despojarse
que la muerte es requisito
para vivir eternamente
y ser feliz contigo

NO SOY NADA

Si miro el paso de los años
descubro que no soy nada
que igual he tenido entre mis manos
flores de ornato
que hierbas de rudas espinas

Lo mismo han colmado mi boca
frutos frescos de dulce sabor
que secas bebidas que rasgan por dentro

Qué vacío me ha dejado el momento
en que todo sabía a miel
y al darme cuenta que era hiel
apretando con fuerza los ojos
tragando aquel ardor
quise no pensar en él

Y es que andar como cegado
lleva siempre a destrozar
cualquier buena intención
pues aunque uno busque luz
encandilado puedes terminar

Así la dulzura del vino barato
que sube pronto a la cabeza
confunde igual que un cruel engaño
y sacude desde abajo
hasta embriagar a quien se deja

Y tan poquito basta
pa' empeñar por un instante
todas las riquezas
que parece no valen,
mas si fueran invertidas
la vida asegurada tendría
gran felicidad
y no ratitos de consuelo

Pues qué infeliz el consolado con embustes
y qué duras las penas de la estafa
que se traga el que por nada
vende todo en una farra

Mas qué barato me ha salido
por ser yo tan bien amado
al ser de Dios un consentido
que recibe sin pedir
y se siente perdonado

Yo queriendo acaudalar
y descubro que si no abro el corazón
para dar sin condición
termino hueco
por haber acumulado

No soy nada sin amor
pero amor del que se entrega
sin buscar más recompensa
ni más gozo que el que deja
darlo todo aun con dolor

Ya no abrazo ideas vanas
busco más que un buen consuelo
no soy nada si me suelto de la mano
de quien por puro amor
me ha rescatado

POR TU LUZ

Quisiera escribir algo muy sentido
que hable fuerte de lo que hay en mi interior
algunos versos que permitan conocer
a este pobre que no alcanza a comprender
que la vida es imposible
sin la luz y sin el sol

No me salen las palabras
porque no puedo entender
que el camino no se puede recorrer
sin la compañía de un amigo
sin la lámpara que alumbra
errantes pasos tan perdidos

Dame la mano, no me sueltes
guíame por donde tú quieres que vaya
hazme entender cuál es la ruta
que me lleva a ser feliz

Parece que no avanzo
me caigo y me levanto
tropiezo y ya no aguanto
tanta confusión

Condúceme, hazme comprender
que solo no consigo
ver el destino aclarecer

Quisiera poder correr
trotar sin descansar
mover todo mi cuerpo
sin fatiga ni aflicción

Mas sé que es imposible
la vida sin sufrir
el cansancio en este viaje
que lleva hasta la gloria

No dejes que me pierda
no permitas más caídas
de este pobre confundido
que ansía tanto en el camino
avanzar sin regreso

En la oscuridad no logro ver
tantas piedras que golpeo
a cada paso que yo doy
y que estorban en cada intento

Qué fácil sería si dejara iluminar
por tu luz este sendero
en que no puedo yo andar
 y alcanzar a ver
tantas cosas que hoy ignoro
y encontrarme para siempre
lejos de esta oscuridad

Ahora sí ya de tu mano
y por tu luz iluminado
avanzaré seguro
con pasos firmes que me animen
a seguir siempre hacia adelante

Sin ti ya nunca más, he comprendido
atrás se queda todo lo perdido
delante un porvenir alentador
que a pesar de mi torpeza
si camino yo contigo
sé que tengo asegurado mi destino

AQUÍ MUY DENTRO

Salí de mí mismo
y no volví por un buen tiempo
anduve vagando entre los juicios
de mi tiempo

Me fui permitiendo
avanzar al exterior
y fui pervirtiendo un poco
mi orden interior

Hoy quiero yo entrar
al recinto más sagrado
y ahí encontrar un rato de paz
con mis pensamientos

Es fácil perderse
entre los ruidos disonantes
no habiendo armonía
entre mi rostro y tu semblante

Quisiera quedarme
en el lugar que me es más propio
para recorrer sentimientos del pasado
desgastados por el tiempo

Volví para hallarme
entre tanta agitación,
en mi habitación logré un remanso
y escuché mi corazón

No quiero sentirme
entre tanta gente solo
me ven sin mirar que somos todos
una familia de Dios
Me fui pero vuelvo
valorando mi silencio
me dice que tengo un gran tesoro
aquí muy dentro

CUESTIÓN DE ACTITUD

No encuentro un mejor referente
para entender bien mi actitud
que la mirada al horizonte
dando a mi vuelo una gran luz

El horizonte es un espejo
donde puedo contemplar
si vuelo recto y nivelado
o acaso empiezo yo a virar

Si mi nariz apunta al cielo
y vuelvo imposible caminar
sin ese riesgo de caerme
perdiendo fuerza al avanzar

Y si mis ojos miran hacia abajo
como apuntando hacia el terreno
puede entonces que hasta el suelo
mi boca llegase a golpear

Por eso enfoco el horizonte
cada mañana al despertar
y a mi actitud pongo de frente
con quien la debo confrontar

El horizonte me demuestra
las actitudes más frecuentes
que pueden ponerme en problemas
y me hace ver muy claramente
cómo me debo comportar

Así la vida es diferente
sabiendo a quién hacerle caso
si mi actitud se vuelve torpe
por apuntar hacia el ocaso

Si tomo en cuenta el horizonte
se hace fácil mantenerme en pie
con tan precisa referencia
que viene a hacer la diferencia
y que me impide errante caminar

Si yo no miro al horizonte
puede cegarme el resplandor
de algunas luces atractivas
pero que afectan mi actitud

Así mis ojos hacia el frente
me hacen tener presente al sol
a ver si encuentro una sonrisa
entre sus rayos y el fulgor

Por eso miro al horizonte
tratando de encontrar la luz
jamás igual ni semejante
perfecta y siempre tan constante
para cuidar bien mi actitud

A SEGUNDA VISTA

Ahora tengo claro quién soy
la fe me ha devuelto lo perdido
no volveré a ser más un confundido
que pierde pronto la cabeza
y se tira al suelo como un niño

Me bastó verte a los ojos para creer
en este gran amor a segunda vista
todas mis sombras disipaste en aquel día
que con ternura me dijiste: fiel soy yo

Porque a pesar de mí, tú has logrado
que yo comprenda de una vez por todas
que es a tu lado donde yo quiero morir cada noche
y revivir cada mañana

Ya se acabó la fiesta que ocultaba
todo el dolor de las heridas
y se detuvo el tiempo así como si nada
cuando lloré por fin mi desacierto contigo

Mi error de haber yo preferido
andar sin miedo por caminos escondidos
perder conciencia de que soy
hombre de barro y no de plata

Ahora veo tan clara la respuesta
de tu sonrisa esta mañana al encontrarte
me muestra que éste es el mejor de los destinos
que no he de cansarme de volver a empezar

Voy a comenzar ahora con nuevas esperanzas
y es que existiendo algo tan fuerte entre los dos
seré por siempre solo un loco enamorado
para verme siempre en las mañanas
reflejado en tu mirada

Y así entendiendo claramente quién soy
sé que hoy prefiero estar contigo que sin ti
y que tomando nuevamente el buen camino
jamás olvide que soy todo para ti

SOY EL MÁS LIBRE

Desde tus ojos
puedes mirar el firmamento
y contemplar por un momento
la verdad

Que no hay motivos
para permanecer cautivo
a todo aquello que no deja
caminar

Rompe con fuerza las cadenas
de los miedos que aprisionan
al corazón que fue hecho libre
para amar y para dar

En una celda yo encontré la libertad
puedo mirar de frente y nadie detendrá
mi ánimo firme y esta forma de abrazar
la vida libre que en Dios vine a encontrar

Soy el más libre cuando tengo el corazón
latiendo fuerte sin cadenas de ambición
hoy he entendido que no se puede avanzar
sin desatar temores, dudas y pesar

Desde los ojos
que ven cómo el cielo resplandece
porque me muestra que estoy hecho
para algo más

Fui descubriendo
que arriba no hay rejas ni candados
que cuatro paredes no limitan
a mi amor
Soy el más libre para amar
y para al cielo yo volar
con nuevas alas elevar
el vuelo a la felicidad

Desde tus ojos
ves al más libre de los presos
que ha descubierto
en el amor la libertad

¡CANTA ALEGRÍA!

Ya no hay fuerzas ni pasión
no hay recuerdos ni ilusión
y no encuentro *pa'* mis penas
un buen pan en la cocina
que haga menos el dolor

Por eso, ¡canta alegría!
canta una armonía
canta en la mañana
y despierta nuestras almas
ya cansadas de esperar

Un conjunto de colores
una gama de emociones
nos invitan a volar

Ya se acerca el día esperado
en que todo lo deseado
viene a ser como una nada
porque el alma enamorada
encuentra paz en su Señor

Ya te veo muy de cerca
ya mi casa está dispuesta
tengo un plato preparado
pa' cenar juntos los dos

Ven muy pronto enamorado
ven y canta esa canción
que llorando de emoción
te encuentre yo a mi lado

¡Celebremos esta noche
celebremos al amor
que ha querido hacerse niño
pa' jugar y *pa'* cantar!

Ha querido hacerse tierno
ha deseado despertar
corazones apagados
ya sin ganas de gozar

Ahora ven y canta
noche de paz
noche de luz y color
que los días sin sol
se han quedado atrás

Ahora hay fuerza e ilusión
hay pasión en el corazón
y hoy encuentro que mis penas
no son nada comparadas
con la Paz que da el Amor

AMOR EN EXCESO

El amor, cuando es bien vivido, deja una paz sin igual y se descubre que los días sin sol van quedando muy atrás.

El camino es largo, vamos avanzando y reconociendo que entregar la vida por amor verdadero es imposible sin la ayuda de Dios. De él es de quien hemos recibido primero el amor, además de su perdón constante y sin límites. Eso es lo que nos mueve a entregarnos con pasión y nos abre a nuevas experiencias que surgen de la libertad del corazón.

Es necesario llorar un poco los errores, reconocer que se ha fallado y que algunos excesos nos han dejado más vacíos mientras buscábamos plenitud. Sin embargo, a partir de las experiencias dolorosas de la vida es posible crecer, y siempre será necesario levantarse después de cada caída, estando dispuestos a no cansarse de volver a comenzar una y otra vez.

Andar por el camino del amor implica correr con paciencia, además de salir de ciertas comodidades, para hacer de la propia vida una ofrenda en el servicio a los demás, en la experiencia de un amor ampliado, trascendiendo nuestros límites y abriendo el horizonte de nuestras posibilidades.

Si el amor se reduce solo a las relaciones sentimentales, queda empobrecido y vulnerable. En cambio, cuando se toma la decisión de asumir un compromiso hasta "morir a sí mismos ganando vida", el amor se fortalece, a la vez que se comprende que vale la pena "excederse" también en amar. Reconozcamos que el primero en vivir el amor en "exceso" ha sido Jesucristo mismo, regalándonos su vida y enseñándonos el camino de la felicidad en la entrega apasionada.

Es el amor vivido hasta el extremo por el hombre cabal que es capaz de vivir y de morir por lo que cree, por lo que dice y por lo que hace. Se necesita esa pasión para mantener viva la ilusión, y a nosotros nos toca reconocer que tenemos todo un camino por delante para amar y para dar sin límites.

Hemos de admitir pues, que en la vida no todos los excesos son malos, y que si bien algunos excesos negativos nos dejan consecuencias de dolor, tristeza, desesperación o vacío; al encontrarnos con el amor de Dios derramado sobre nosotros en "exceso", requerimos estar abiertos para entrar en esa dinámica de exceso positivo que rompe barreras y supera obstáculos.

La propuesta de felicidad en el amor cristiano espera siempre una respuesta que va más allá. Recordemos el caso de aquel hombre del Evangelio, al que conocemos como el joven rico, quien al no aceptar la invitación de Jesús a dejarlo todo para seguirlo (es decir: a "excederse" en el amor), se retiró triste. Se trataba de un hombre bueno, fiel a los mandamientos de Dios, y sin embargo, el Evangelio nos deja claro que es preciso, para alcanzar nuestra felicidad (el cielo), ir más allá, entregándolo todo con pasión.

Amor en exceso, es una forma de llamar al amor verdadero, debido a lo reducido del concepto de amor en nuestro mundo.

El amor, en realidad, no admite reduccionismos ni movimientos egoístas que lo distorsionen.

En cambio, es siempre abierto, busca siempre dar más, permanece y trasciende.

No podemos admitir, sin más, que el amor muere o se acaba, sino que nos toca hacerlo presente en todas las realidades de nuestra vida, reconociéndonos plena e ilimitadamente amados por Dios, que nos invita a corresponderle amando a los demás.

"Habiendo amado a los suyos, que estaban en el mundo, los amó hasta el extremo".
Juan 13, 1

EL AMIGO MÁS HUMANO

A veces las cargas nos agobian
y viene una angustia tan pesada
que oprime por dentro y no hay manera
de ver una luz que evoque calma

Surgen dolores interiores
se siente perder la poca paz
se oculta la voz de los amigos
y todo es motivo para llorar

Todas las penas se hacen largas
tardan las horas en pasar
cuando en la espera de un momento
vienen los miedos y el horror

Llorar por angustia es demasiado
es mucho pedir quedar en pie
es necesario alzar la mano
buscando un apoyo para aguantar

No desconoce nada de esto
aquel que en sus lágrimas juntó
todo el dolor de sus hermanos
y en una firme y confiada oración
su gran temor él entregó

Y así fue escuchado por su Padre
así fue librado del poder
que tenía la muerte sobre el hombre
rompiendo cadenas él venció

Es el amigo más humano
y es el humano más divino
que viene a mostrarnos el camino
y a darnos la fuerza de su amor

No hay que apenarnos por llorar
hay que sufrir un poco más
cuando es para unir los corazones
por compasión con los demás

A veces las cargas entregadas
en una ofrenda con amor
al que dio vida a nuestras almas
viene a traernos consolación
para poder seguir luchando
y encontrar en él la paz

No hay mejor forma de vivir
angustias, dolores y temores
que entre los brazos de quien puede
cargar en sus hombros una cruz
morir inocente por culpables
para vencer así la muerte
y darle sentido a nuestras vidas

YO ESTARÉ CONTIGO

Cuando sientas que se vuelve todo
tan difícil que no puedes solo
se te acaba la paz, y se pierde aun más
toda la esperanza

De tus ojos brotan lágrimas
cuando crees perder a quien más amas
no imaginas vivir por siempre
sin su mirada

Tú tendrás mi amor
no te dejaré solo
yo siempre estaré contigo

Comprendo lo que hay en tu interior
soy el mejor alivio a tu dolor
abre el corazón y entrégalo
sin miedo a tu Señor

Tú tendrás mi amor
no te dejaré solo
yo siempre estaré contigo

Yo soy
quien te abraza
cuando sientas que el dolor te sobrepasa

Yo soy
para tu corazón la fuerza
y la paz

ERES FELIZ

Te voy a escribir un poema muy bello
inspirado por tu más ferviente enamorado
porque no mereces menos
y porque así puedo rendir honores
a quien habiendo sido honrada
con ser la madre del amor
no quiere ser más que escuchada
sobre las glorias de su hijo

Eres la reina y eres grande
por ser sin mancha eres preciosa
mas solo quieres que se canten
las grandezas del Señor

Eres feliz de haber creído aquel anuncio
que en ti habían pronto de cumplirse las promesas
tan anheladas por un pueblo esclavizado
que quería encaminarse hacia la paz

La libertad llegó por ti a nuestras vidas
la verdadera luz dejas pasar como el cristal
tan claro y diáfano que alcanza a iluminar
a todo aquel que ya no quiera oscuridad

Eres cristal y eres del mar la blanca estrella
que orienta el viaje de los hombres extraviados
y quieren ser por ti guiados hasta el sol
para alcanzar así éste y ser rescatados

De la mañana eres rocío fresco y puro
que anuncia en esta tierra un nuevo cielo
de renovada vida brota luz en la confianza
y la esperanza reflejada en tu sonrisa

Eres consuelo de quien vive solo y triste
para oprimidos eres siempre un buen refugio
y para aquellos que ante el mal quieren luchar
bendito auxilio para su debilidad

Tú eres la causa de toda nuestra alegría
de ti tomó la carne humana nuestro Dios
eres tú bendita entre todas las mujeres
por ser tu vientre portador del Salvador

Todo lo alcanzas con tu santa intercesión
ante tu hijo que es Rey de todo el mundo
para salvar a sus hermanos del dolor
y de la triste enfermedad que significa la maldad

Soy solo un hombre enamorado de tus ojos
por tu mirada yo me siento protegido
me da una paz y encuentro una dulce calma
al contemplar en ella a Dios contigo

Por eso madre yo te escribo este poema
por eso quiero de tu mano caminar
hacia la luz de la verdad y contemplar
la faz de tu hijo por toda la eternidad

DESDE TUS OJOS

Te llamo hermano porque eso es lo que eres
nuestros lazos fraternales nos mantienen
tan unidos entre sí que no es difícil
compartir alegrías y dolores

Te escribo a ti que eres mi hermano, el mayor
por ser ejemplo de esperanza, fe y amor
me gusta verte repasar así tus días
porque me enseñas a valorar lo más preciado

Has aprendido y no has dudado en compartir
conmigo tantas experiencias y vivencias
que dejan huella en quien te escucha con paciencia
y quiere ver desde tus ojos lo esencial

Somos hermanos cuando hablamos y reímos
pero también cuando lloramos y sufrimos
juntos tan juntos y tomados de la mano
mientras cantamos a la vida una canción

Te admiro tanto y reconozco que no puedo
seguir yo solo si no llevo algo de ti
a toda gente que me escucha mientras hablo
de aquel hermano que camina junto a mí

Caminas ágil sin moverte de tu cama
avanzas tanto en este arte de vivir
enamorado de las cosas más hermosas
que solo admiran quienes saben apreciar

Escucha hermano y siente cerca mi presencia
voy a leerte algunos versos mientras duermes
mira hacia dentro de tu ser donde se esconde
la más hermosa luz jamás vista antes
Y así escribiendo hermano mío este poema
yo te comparto lo que brota de mi alma
es lo mejor que Dios ha puesto en mis palabras
para entregarte con amor un regalito

Mereces más y yo lo sé pues de ti tengo
mi nueva forma de entender que la salud
es mucho más que no sufrir enfermedad
es plenitud viviendo siempre en la verdad
gozando entero enamorado del amor

Te llamo hermano y ahora te voy a decir
cuánto agradezco por tenerte aquí muy cerca
pues reconozco que mi vida se renueva
desde que oramos, yo por ti y tú por mí

SOY DEL AMOR

Amo mi humanidad y te amo a ti
amo todo lo que has hecho en mí
y lo que no también
porque tú lo has permitido
y si al final ha sucedido
es para bien de este pobre sorprendido
que reconoce en su miseria
la grandeza del amor

Soy de ti y no soy de nadie
soy del amor un fiel esclavo
soy el más libre de los presos
de tu mirada que enamora
y que cautiva al que te adora

Quisiera darte algo muy bello
pero no puedo regalarte
algo que no sea tuyo
pues todo a ti te pertenece
y la existencia de los seres
por tu grandeza se sostiene

Soy del amor y de más nadie
amo mi humanidad y se la ofrezco
al que es el hombre más humano
y el más perfecto enamorado

Soy de barro y soy de oro
he recibido como don un gran tesoro
soy vasija limitada
que contiene la hermosura
que refleja desde adentro
la viva imagen de un modelo
perfectísimo de amor
Quiero reconciliar en mi interior
heridas, gritos y lamentos
con lo mejor de mis momentos,
con los susurros y silencios
de amor, de paz y de bondad

Es todo parte de la vida
que se hace fuerte con el tiempo
en la escalada hacia la cima
voy deshaciéndome de excesos
y preparándome a tu encuentro

Amo el dolor que hay detrás una gran paz
quiero sentir en carne propia la emoción
de dar la vida en cada instante y recordar
que eso de amar a veces duele un poco
pero es lo más glorioso entre los humanos

Ser para ti y ser para todos
es entregar mi humanidad
es darlo todo sin vaciarme
y es lo que quiero nada más

Pues el amor cuando es vivido
deja más pleno que vacío
al corazón que se renueva
en cada acción de caridad

Amo la vida y amo el cielo
soy de ti y de nadie más
y reconozco que no puedo
amar así como debiera
si no me ayudas a encontrarme
en lo más profundo de mi ser

VETE Y HAZ TÚ LO MISMO

Hazte prójimo, no esperes más
si quieres vida, si buscas amar
con toda el alma al Señor tu Dios
ten compasión, regala el corazón
haz eso y vivirás

Para cumplir basta saber
mas para ser feliz en realidad
hay que acercarse a los demás
hacerse prójimo y amar

El sabio no entiende
la simpleza del amor
son los sencillos los que alcanzan
las cosas grandes de Dios

Aquel que se hace muy cercano
a quien urge del amor
y necesita más cuidado
es quien más vive en la razón

En estos tiempos de tristeza
de hambre, guerras y dolor
también hay hombres de valor
que cuidan bien de sus hermanos
que ayudan a sanar heridas
y actúan en nombre del Señor

Vete y haz tú lo mismo que ellos
estrecha los lazos del amor
como aquel buen samaritano
que siente fuerte compasión

Vete y haz tú lo mismo
nunca más muestres en tu vida
indiferencia ante el dolor
de aquel hermano que se muere
por falta de un buen corazón
que entrega todos sus latidos
que sana heridas y que enseña
a ser un prójimo de verdadero corazón

UN CANTO A LA VIDA

Soy de esos hombres que le cantan a la vida
que todavía disfrutan la lectura de un buen libro
de esos que hacen oración
y se deleitan caminando bajo el sol

De los que gustan de la paz
que sueñan mucho y que imaginan
un mundo nuevo ya sin guerras
donde se viva una armonía de verdad

Soy de los hombres que sonríen
a los problemas de la vida
que entre los ruidos no se esconde
y busca cómo hablar al corazón

Viva el silencio que es lenguaje del amor
y que nos deja conocer nuestro interior
para sacar y dar de adentro lo mejor
a quienes junto a nosotros caminando van

Soy de esos pobres que son ricos
en alegría y en momentos bien vividos
soy de esos sabios que no saben de las ciencias
pero que entienden de la vida lo esencial

Y lo esencial es ser muy libre y muy auténtico
es entregarse por amor y en exceso
porque así queda, quien se da, muy satisfecho
por no guardar el corazón en un cajón

Soy de verdad apasionado por el cielo
y en una estrella veo tu rostro iluminado
igual te encuentro en una joven nube blanca
o en la llovizna que cae en el ocaso

Soy de esos tristes que en verdad se regocijan
de los que saben y se sienten perdonados
y ya no quieren más vivir encadenados
a los caprichos y deseos desordenados

De esos que ven en el dolor una manera
de ser más fuertes y más firmes en la fe
la fe que es don y respuesta a una llamada
de puro amor para alcanzar felicidad

Soy de esos hombres que aun confían en la palabra
y que le dan todo el valor a la verdad
de los que escriben lo que sienten y comparten
con los cercanos y lejanos de amistad

Viva el recuerdo para siempre en la memoria
de las caricias y los besos de mamá
sea la noche un buen momento para hablar
con Dios de todos los regalos que me da

Fui de esos hombres que cantaron a la vida
que se perdieron escribiendo algún poema
que equivocaron el camino pero hallaron
la dulce voz de quien perdona sin cesar

Ahora no queda más que ser agradecido
y dedicarme nada más a contemplar
el rostro bello del amor hecho persona
y ser feliz para toda la eternidad

CUANDO CIERRE LOS OJOS PARA SIEMPRE

No estoy seguro de poder
pero tengo que enfrentar
la realidad de mi existir
cuando alcance su final

Llega el día de la verdad
y yo quiero responder
de corazón un firme sí
a ser de ti en la eternidad

No podré si no es contigo
ver el sol de mi destino
que acompaña mi sendero
de la aurora hasta el ocaso

Es el brillo de unos ojos
que iluminan el camino
es la voz que en mí resuena
cuando escucho tu mirar

Tengo aun tiempo para ser
y aprender a distinguir
a escucharte con paciencia
y a mirar con mi interior

Debo ser en eso experto
al captar de corazón
todo aquello que es bondad
y la luz de la verdad

Tengo días por delante
no sé cuántos más serán
quiero aprovecharlo todo
para dar y para amar

Tuve tiempo de aprender
a cerrar muy bien los ojos
pues así se puede ver
con claridad lo esencial

No es posible de otra forma
ver el fuego de tu amor
que me sana el interior
y que calma mi dolor

No se siente la hermandad
ni disfruto los momentos
cuando quiero verlo todo
con los ojos bien abiertos

Por eso cierro las ventanas
por eso apago el exterior
para ver la realidad
con la luz del corazón

Cuando cierre yo los ojos
de mi rostro para siempre
no quiero ser más un ciego
que no sepa contemplar

Por eso busco la ocasión
de mirarte eternamente
descubriendo en el hermano
tu presencia en los instantes

EPITAFIO

Nunca creí que se podía llorar tanto
si la muerte es parte de la vida,
¿por qué me duele tanto que te vayas?

¡No puedo! No puedo con este dolor
por más que me digan
que el sufrimiento también es natural,
no puedo con él

Fueron tantas cosas las que vivimos juntos,
tantos recuerdos, travesuras y aventuras
de verdad que ahora que no estás
se siente como si me hubieran arrancado
una parte de mi propio ser

Me acompañaste en los momentos más importantes
fuiste testigo de las más grandes hazañas de mi infancia
no es justo que te mueras a los diez años,
yo esperaba que vivieras más

Seguro que cuando aquel amargado e infeliz
me dijo que no es para tanto,
es porque él nunca ha vivido
las cosas que tú y yo juntos vivimos

Seguro que cuando me dice que no es para tanto,
es porque nunca nadie lo ha defendido
como tú me defendiste aquella vez

Lo dice porque no conoció tu amor,
tu fidelidad y tu entrega,
tu generosidad y tu valentía

Lo dice ahora porque no te conoció,
pero cuando venga y lea lo escrito sobre tu tumba,
sabrá de que la vida no termina con la muerte

Y que si un perro puede dejar huella en las personas
entonces las personas están llamadas
con amor a dejar huellas unos a los otros

En tu tumba dice: "aquí yace un valiente"
en la mía quiero que diga:
"aquí yace un enamorado"

CON MÁS LIBERTAD

Me gustaría leerme el día de mañana
para ver qué locuras he dicho
para reír o llorar, no me importa
mientras me vea reflejado en los versos

Qué bendición me ha traído este "vicio"
de yo perderme entre tantas palabras
agotando completas jornadas
o gozando por un momentito

Me van brotando del fondo del alma
todas las formas de amor que he encontrado
y voy pasando los tragos amargos
también en gestos o en huecas miradas

Ha resultado de mucho provecho
para mi vida, el hundirme muy lento
entre las letras y las melodías
para sanar viejas heridas

Quiero poner todos mis sentimientos
en las barricas del añejamiento
para encontrar luego dulces aromas
y los sabores que ahuyentan el miedo

Las emociones mejor las expongo
para que el viento las haga secar
y ya muy secas pueda contemplar
el panorama de la realidad

En confusión me extravié por un tiempo
mas soy sincero si expreso con calma
que me he encontrado conmigo en los versos
y escribo todo con mayor libertad

EPÍLOGO

No queremos ser unos ciegos y sin embargo muchas veces lo somos. La vida agitada nos envuelve con sus prisas y vamos dejando a un lado la opción que tenemos siempre de hacer un alto y detenernos a contemplar nuestro entorno para descubrir la luz verdadera.

Entonces sí que somos ciegos que solo saben "ver con los ojos abiertos", es decir, que ven "así nada más" el exterior. Este tipo de vista nos sirve muy bien para curiosear o para salvarnos de no tropezar con lo más evidente, pero nos hace falta aun curar nuestra ceguera para ver el interior, para captar lo esencial de la vida, para conocer los corazones y conectarnos con ellos, para contemplar y disfrutar, es decir, para ver *con los ojos cerrados*. Mirar hacia dentro es posibilidad de conocernos a nosotros mismos y encontrar ahí la presencia misteriosa del verdadero y único Amor, hecho persona.

Contemplar el interior nos permite aprender el lenguaje del verdadero amor, del amor que sabe entregarse y sacrificarse, del amor que no se busca a sí mismo, sino que abre un camino de auténtica felicidad en la autodonación y en la generosidad.

Ese es el encanto del amor cuando la primigenia etapa del enamoramiento se ha desvanecido ya. Ese es el gozo más sublime al que tendremos acceso cuando hayamos sido curados de nuestra ceguera y comencemos a contemplar *con los ojos cerrados* las bellezas más grandes de la vida. Solo entonces habremos aprendido a amar, y amando seremos felices de verdad.

El camino es complicado y hay que esforzarse en hacer crecer en nosotros esta capacidad de ver lo esencial de la vida. Debemos ser conscientes de la necesidad que tenemos de darnos tiempo para simplemente contemplar y admirar la belleza del corazón de las personas.

Sin embargo, también es preciso reconocer las propias limitaciones e identificar carencias, para buscar la sanación de nuestra ceguera, en quien verdaderamente puede hacernos ver y ayudarnos a descubrir su luz, que ilumina de adentro hacia fuera. *Él es la Luz*, es Jesucristo el único capaz de curar a estos ciegos que mendigan por el camino de la vida deseando ver para poder disfrutar del amor más auténtico.

Antes de concluir, yo te invito a recordar un pasaje del Evangelio[1] que puede ayudarnos a reconocer nuestras más reales cegueras, nuestra necesidad y mendicidad, además de la única posibilidad que tenemos de ver la luz esencial de la vida, suplicando a quien todo lo puede.

Se trata del relato sobre un ciego de Jericó, llamado Bartimeo, el cual se encuentra sentado mendigando a la orilla del camino, y es sanado por Jesús después de suplicarle el milagro de poder ver. En muchas ocasiones, somos nosotros

---

1 Sagrada Biblia, Marcos 10, 46-52.

esos ciegos que por más que intentamos, con nuestras propias fuerzas, desarrollar la habilidad para ver con el corazón, no lo logramos.

Y seguro que así, hemos vivido más de una vez el desencanto o la decepción amorosa, cuando no obtenemos lo que esperábamos en una relación sentimental. Es así que, nos podemos identificar con este hombre que, sin más, permanece sentado a la orilla del camino incapacitado para ver. Nosotros como él tampoco podemos ver la verdad cuando mendigamos amor, cuando andamos buscando quién nos ame y quién nos pueda hacer sentir bien para ser felices. Es decir, cuando deseamos "poseer" a alguien para que cumpla nuestros anhelos irreales de seudo-felicidad.

Algunas personas me han preguntado en ocasiones cómo se puede superar la tristeza por la imposibilidad de "tener" a la persona que se quiere. Éste me parece que es un ejemplo muy claro de ceguera, al no alcanzar a ver *con los ojos cerrados*, y permanecer solamente en la mirada exterior. Es una clara muestra de cómo nuestro egoísmo obstaculiza el camino a la felicidad en la donación de la vida por amor, al pensar en poseer lo no poseíble. El amor no se "tiene" como una cosa, el amor se "es" y se vive.

Por eso, como aquel ciego del camino, debemos gritar fuerte en la oración para pedir a Jesús que nos sane y nos ayude a poder ver con los ojos interiores; a reconocer en los demás la imagen de Dios, a encontrar la felicidad dando amor y no mendigándolo; a descubrir las cosas más hermosas de la vida en lo sencillo.

Solo así se puede alcanzar el fruto de un esfuerzo que sin la ayuda divina es imposible. Recordemos que somos hijos de Dios muy amados y él nos quiere felices. Y para ser felices se requiere amar sin límites ni condiciones, aprendiendo a ver lo esencial de la vida *con los ojos cerrados*, para lo cual es necesario, además de esforzarse y ejercitarse en el sacrificio y la entrega de la vida, pedir a Jesús la curación de la ceguera más profunda: la del alma.

El proceso del amor humano comienza con una bonita etapa de enamoramiento que nos capacita para amar, pero que aun permanece en una dinámica egocéntrica. Solo alcanza a ver la realidad exterior, la cual además tiende a idealizar. En esta etapa, el enamorado generalmente ve todas las cosas color de rosa y no se enfrenta todavía a la verdad, porque no es capaz aun de verla, ya que permanece todavía ciego para captar su propio interior, pero también para salir de sí mismo, entregándose mediante la dinámica heterocéntrica del auténtico amor.

El verdadero enamorado es aquél que, habiendo superado esa primera etapa propia del proceso del amor humano, permanece así "enamorado" precisamente porque ama y se entrega, asumiendo un compromiso con corazón generoso.

Y así podrá permanecer toda la vida, a pesar de las dificultades y limitaciones humanas, creciendo cada día más en la habilidad para ver *con los ojos cerrados*, así como en la capacidad de amar, para ser feliz y hacer felices a otros. De esta forma se va pasando de lo accesorio a lo esencial, de lo exterior a lo interior, se va apreciando la belleza más real, y se puede contemplar, ahora sí, lo que no se ve a simple vista. El amor no se percibe con los ojos abiertos, por eso es preciso aprender a cerrar los ojos y a ver *con los ojos cerrados*, ya que algún día habremos de cerrarlos para siempre y no querremos entonces ser unos ciegos.

De todo corazón, deseo que estos poemas hayan podido transmitir algún sentimiento y que su lectura haya sido útil para, en el recorrido por los versos y ayudado por las pausas reflexivas, reconocer una forma distinta de ver la realidad y una forma auténtica de amar.

Ojalá que viviendo así, seamos capaces de descubrir día a día, *allá en el horizonte,* la sonrisa del amor que nos motiva a contemplar lo esencial de la vida *con los ojos cerrados.*

www.ingramcontent.com/pod-product-compliance
Lightning Source LLC
Chambersburg PA
CBHW031445040426
42444CB00007B/988